农村普法系列连环画
NONGCUN PUFA XILIE LIANHUANHUA

火烧灾难来

龙 雷 著　　龙玮钰 绘

黄河出版传媒集团
阳 光 出 版 社

图书在版编目（CIP）数据

火烧灾难来 / 龙雷编；龙玮钰绘. -- 银川：阳光出版社, 2017.10
（农村普法系列连环画）
ISBN 978-7-5525-3877-9

Ⅰ. ①火… Ⅱ. ①龙… ②龙… Ⅲ. ①消防 – 条例 – 中国 – 通俗读物 Ⅳ. ①D922.14-49

中国版本图书馆CIP数据核字(2017)第252346号

农村普法系列连环画　火烧灾难来　　龙雷　编　龙玮钰　绘

策　　划　那大庆　龙　雷
责任编辑　贾　莉
封面设计　晨　皓
责任印制　岳建宁

黄河出版传媒集团
阳　光　出　版　社　出版发行

出 版 人　王杨宝
地　　址　宁夏银川市北京东路139号出版大厦（750001）
网　　址　http：//www.ygchbs.com
网上书店　http：//shop129132959.taobao.com
电子信箱　yangguangchubanshe@163.com
邮购电话　0951-5014139
经　　销　全国新华书店
印刷装订　宁夏凤鸣彩印广告有限公司
印刷委托书号　（宁）0006643

开　　本　880mm × 1230mm 1/32
印　　张　1
字　　数　20千字
版　　次　2018年1月第1版
印　　次　2018年1月第1次印刷
书　　号　ISBN 978-7-5525-3877-9
定　　价　10.00元

二郎的姐姐大妮这些年做服装生意发了。她平时往返居住地与进货城市之间，忙忙碌碌的就是为了过个好日子。

今年，大妮又在城里头的街中心买了一间一百二十多平方米的大门面房，光装修就花了二十多万元呢，又豪华、又雅致，再摆上些时尚高档的女装，就更能吸引人的眼球，引起中青年妇女的购买欲望。她还给店起了个好听的名字——倩妮靓装馆。

装修工程已接近尾声，大妮谋划赶在十一国庆前剪彩开业，同时还要办理各种开业手续。

这几天大妮忙着从广州、西安采购新款衣服，想好好地大干一场，为开业做着各种准备。人虽累虽忙，可心里有使不完的劲。

大妮办完了工商营业执照、税务登记证后，盘算着选个好日子，热热闹闹地开业，来个开门红。

大妮见了熟人就邀请、打招呼，动员一切人脉圈行动起来为庆典拉人气，人气旺了生意才会旺。

还要邀请亲朋好友、同学同事前来庆贺，更要悬挂彩球横幅渲染气氛、营造声势，一定要办成服装行业最好的开业庆典。

朋友还建议请城里最有名气的金秋艺术团为庆典演一场精彩的节目助兴。

下午三点多钟，市消防中队的贺参谋带着两名消防战士，还有安监局的工作人员，检查沿街店铺商家消防设施时，走进了倩妮靓装馆。

原来，这个店是上下两层，上层是大妮的起居室，有卧室、厨房、客厅、库房，下层是服装经营场地。贺参谋一行仔细、认真地检查防火设施的配备装置。

店里火灾隐患有几处，橱窗墙是易燃材料塑料苯板做的，要更换；楼梯口边的消防栓是不合格产品；楼上楼下开关不灵活且有漏水现象，多处电源插座是次品，接触不良；上下层都没置放灭火器，等等。

贺参谋立即找大妮、她丈夫和两个店员，给她们讲解《消防法》以及防火条例，并指出存在的四个问题。

随后消防队下了《责令整改通知》，要求未整改不得开业经营，并发了消防手册、宣传材料等。

贺参谋的一盆凉水并没浇灭大妮急于开业那颗火热的心，为了抢占销售旺季的十一长假，她竟然不顾消防队员的责令，无视法规，冒险开业。国庆节头三天，在一阵“噼噼啪啪”的鞭炮声中，大妮高声宣布：“倩妮靓装馆开业啦！”

在开业大喜的喜悦中忙碌劳累了一天的大妮一家，天刚擦黑就关门歇业，上楼休息。

刚过午夜十二点，一股腥臭刺鼻的怪气味呛醒了酣睡的大妮，她一把推醒丈夫，忙起来看看怎么回事。

二人身穿睡衣短裤，慌手慌脚下楼一看，妈呀！楼梯后的垃圾桶旁的插座往外冒黑烟呢！黑烟下窜出的火苗燃着了倚在墙边的衣橱，小两口一时吓懵了。

那边的消防栓拧不动，水龙头不出水，这边的灭火器找不见。手忙脚乱的大妮只得用挂在衣架上的商品新衣服扑打，谁知火借风劲，越扑打越旺，吓得二人打开店门呼叫救火。

大妮见火势越来越大，情急之下突然想起什么，她拿起电话赶紧拨打 119 求救。

早已听见响动的左右邻家立马起来帮助泼水救火，在众人的相助下才算压住了火势。

消防队接到报警后立即赶到事发现场，及时施救，扑灭了大火。

大妮这时瘫倒在地，嘴里不住地咕哝：“都怨我，都怨我呀！”几万元的损失不说，差点丧了性命。

最后，消防队出具了《事故认定书》，引起火灾的原因是靠垃圾桶旁边的一个电源插座，大妮给手机充电时打火花引燃垃圾桶，导致这场火灾事故。

消防
自古水火无情，忠言逆耳不听。
法律法规不遵，冒险玩火自焚。
奉劝广大公民，不能心存侥幸。
消防法在心中，幸福生活永存！

中华人民共和国消防条例

第一章　总 则

第一条　为了加强消防工作，保卫社会主义现代化建设，保护公共财产和公民生命财产的安全，特制定本条例。

第二条　消防工作，实行“预防为主，防消结合”的方针。

第三条　消防工作由公安机关实施监督。

人民解放军各单位、国有森林、矿井地下部分的消防工作，由其主管部门实施监督，公安机关协助。

第二章　火灾预防

第四条　城市规划建设部门，在新建、扩建和改建城市的时候，必须同时规划和建设消防站、消防供水、消防通讯和消防通道等公共消防设施。原有市区的公共消防设施不足或者不适合实际需要的，应当进行技术改造或者改建、增建。

第五条　新建、扩建和改建工程的设计和施工，必须执行国务院有关主管部门关于建筑设计防火规范的规定。

第六条　农村房屋建筑的设计和施工，必须执行国务院有关主管部门关于农村建筑设计防火规范的规定。

第七条　在森林、草原防火期间，禁止在林区、草原野外用火，因特殊情况需要用火的时候，必须经县级人民政府或者县级人民政府授权的机关批准，并按照有关规定采取严密的防范措施。

第八条　新建的生产、储存和装卸易燃易爆化学物品的工厂、仓库和专用车站、码头，必须设在安全地点，并报经所在的市、县人民政府审批。对原有的严重影响消防安全的单位，其主管部门应当采取措施，加以解决。

第九条　生产、使用、储存、运输易燃易爆化学物品的单位，必须执行国务院有关主管部门关于易燃易爆化学物品的安全管理规定。不了解易燃易爆化学物品性能和安全操作方法的人员，不得从事操作和保管工作。

第十条　交通运输、渔业、海洋资源调查、勘探等主管部门，应当根据飞机、船舶和车辆的特点，规定消防安全管理措施，并教育职工和乘客严格遵守。

第十一条　人员集中的公共场所，必须保持安全出口、疏散通道的畅通无阻，建立并严格执行用火用电与易燃易爆物品的管理制度，加强检查和值班巡逻，确保安全。

第十二条　生产易燃易爆化学物品的单位，对产品应当附有燃点、闪点、爆炸极限等数据的说明书，并且注明防火防爆注意事项。

第十三条　企业事业单位对采用的新材料、新设备、新工艺，必须研究其火灾危险性的特点，并采取相应的消防安全措施。

第十四条　机关、企业事业单位实行防火责任制度。

城市的居民委员会和农村的村民委员会，有责任动员和组织居民做好防火工作。

第十五条　机关、企业事业单位应当根据灭火的需要，配置相应种类、数量的消防器材、设备和设施。

第三章　消防组织

第十六条　企业事业单位根据需要设立群众义务消防队或者义务消防员，负责防火和灭火工作。所需经费由本单位开支。

第十七条　火灾危险性较大、距离当地公安消防队（站）较远的大、中型企业或者较大的事业单位，根据需要建立专职消防队，负责本单位的消防工作。所需经费由本单位开支。

第十八条　新建的城市和扩建、改建的市区，应当按照接到报警后消防车能在五分钟内到达责任区边沿的原则设立公安消防队（站）；消防队（站）的设置不符合上述规定的原有城市，应当逐步增设。镇和工矿区根据需要设立公安消防队（站）。现有消防队（站）的消防器材、设备和设施不足的，应当逐步配置。

第四章　火灾扑救

第十九条　任何单位和个人在发现火警的时候，都应当迅速准确地报警，并积极参加扑救。

起火单位必须及时组织力量，扑救火灾。邻近单位应当积极支援。

消防队接到报警后，必须迅速赶赴火场，进行扑救。

第二十条　火场的扑救工作，由消防监督机构统一组织和指挥。火场总指挥员有权根据需要调动企业事业单位的消防队协同灭火。

第二十一条　火场总指挥员在火灾蔓延，必须进行拆除才能避免重大损失的时候，有权决定拆除毗连火场的建筑物和构筑物；在紧急情况下，有权调用交通运输、供水、供电、电讯和医疗救护、环境卫生等部门的力量。

第二十二条　消防车、消防艇赶赴火场的时候，其他车辆、船舶和人员必须避让；必要时可以使用一般不准通行的道路、空地和水域。交通管理的指挥人员应当保证消防车、消防艇迅速通行。

第二十三条　消防车、消防艇以及其它消防器材、设备和设施，除抢险救灾外，不得用于与消防工作无关的方面。

第二十四条　在扑救火灾中受伤、致残或者牺牲的非国家职工，由起火单位按照国务院有关主管部门的规定给予医疗、抚恤；起火单位对起火没有责任的，或者确实无力负担的，以及火灾由住户引起的，由当地人民政府给予医疗、抚恤。

第五章　消防监督

第二十五条　县级以上公安机关设立消防监督工作。

第二十六条　各级消防监督机构有下列职权：

一、依照本条例和政府有关规定，对各部门、各单位和居民住宅的消防工作进行监督检查；

二、进行消防宣传教育，监督有关单位消除火险隐患；

三、审查各部门、各单位制订的有关消防安全的办法和枝术标准；

四、监督检查建设项目在设计和施工中执行有关建筑设计防火规范规定的情况，参加竣工验收；

五、监督检查城市建设中的公共消防设施的规划建设，督促城市建设和城市管理部门维护、改善城市公共消防设施；

六、掌握火灾情况，进行火灾统计；

七、管理消防队伍，训练消防干警；

八、统一组织和指挥火灾的扑救工作；

九、组织调查火灾原因；

十、领导消防科学技术研究工作，鉴定和推广消防科学技术研究成果；

十一、对消防器材、设备的生产，在规格、质量方面实行监督。

第二十七条　各级消防监督机构发现火险隐患，应当及时通知有关单位或者个人采取措施，限期消除隐患。

第二十八条　各级消防监督机构，应当配备具有消防专业知识的消防监督员。消防监督员应当对分管地区内的单位和居民住宅的消防工作实行监督检查。

第六章　奖励与惩罚

第二十九条　对在消防工作中有贡献或者成绩显著的单位和个人，由公安机关、上级主管部门或者本单位给予表彰、奖励。

第三十条　违反本条例规定，经消防监督机构通知采取改正措施而拒绝执行，情节严重的，对有关责任人员由公安机关依照治安管理处罚条例给予处罚，或者由其主管机关给予行政处分。

违反本条例规定，造成火灾的，对有关责任人员依法追究刑事责任；情节较轻的，由公安机关依照治安管理处罚条例给予处罚，或者由其主管机关给予行政处分。

第七章　附 则

第三十一条　公安部根据本条例制定实施细则，报国务院批准后施行。

第三十二条　本条例自 1984 年 10 月 1 日起施行。1957 年 11 月 29 日全国人民代表大会常务委员会会议批准的《消防监督条例》同时废止。